Ville d'Annecy

RÈGLEMENT et TARIF

de

L'OCTROI

1922

ANNECY
Imprimerie J. ABRY
3. Rue de la République

—

1922

Ville d'Annecy

RÈGLEMENT et TARIF

de

L'OCTROI

1922

ANNECY
Imprimerie J. ABRY
3, Rue de la République

1922

RÈGLEMENT DE L'OCTROI

de la

VILLE D'ANNECY

CHAPITRE Ier

§ 1er. — De la Perception.

ARTICLE 1er.

L'Octroi municipal et de bienfaisance établi dans la ville d'Annecy, département de la Haute-Savoie, sera perçu conformément au tarif ci-annexé et d'après les dispositions du présent règlement.

Il s'étend sur le territoire urbain de la commune ci-après délimité.

La perception se fera sur tous les objets compris au tarif et sur tous les consommateurs, sans aucune exception, pour les introductions qui auront lieu dans l'Octroi urbain.

La surveillance immédiate de l'Octroi appartient au Maire, sous l'autorité de l'Administration supérieure.

La surveillance générale sera exercée par la Régie des Contributions indirectes.

Art. 2.

Le rayon de l'Octroi urbain comprendra la portion du terrain d'Annecy qui renferme la ville et ses faubourgs dans la circonscription suivante :

La ligne partira de l'abreuvoir établi sur la rive droite du lac, vers les Salomons, soit de l'extrémité de la digue du Champ-de-Mars, dont elle suivra le quai jusqu'à la passerelle, qui restera dans le rayon; contournera le quai du Jardin public, jusqu'à 60 mètres en amont du phare, en traversant le Thiou à ce point, et longera le quai des Marquisats jusqu'au nouveau port, qui restera en dehors; contournera le clos de l'Hôpital jusqu'à la route départementale n° 1, empruntera cette route jusqu'au delà des Fours-à-Chaux, suivra ensuite la crête de rochers qui les surplombe pour arriver à l'oratoire situé sur le bord du chemin vicinal n° 35. Elle traversera ce chemin, suivra la nouvelle crête de rochers située derrière la villa Colmyr, le mur de clôture de cette villa et arrivera au chemin rural n° 14 qu'elle remontera jusqu'à sa jonction avec le chemin vicinal n° 14 dit des Espagnoux. Elle reviendra par ce chemin jusqu'à sa rencontre avec le chemin vicinal n° 18; empruntera ce chemin, qui passe à l'est de chez Gaillard, arrivera ensuite par le chemin rural n° 16 au chemin vicinal n° 34 et au chemin rural n° 18, dits de la Tambourne, qui longent tous deux la forêt communale, le dernier aboutissant au chemin vicinal n° 11, des Balmettes, laissant ainsi en dehors la villa Falquet. La ligne suivra ensuite ledit chemin des Balmettes jusqu'au pont du chemin de fer, suivra la voie ferrée d'Annecy à Albertville jusqu'au pont placé sur le ruisseau l'Isernon, à quelques mètres de l'avenue de Loverchy.

De ce point, la ligne se confondra avec le ruisseau l'Isernon qu'elle suivra jusqu'au Thiou; descendra le cours de cette rivière jusqu'au chemin vicinal n° 28; empruntera ce chemin jusqu'à sa rencontre avec le chemin vicinal n° 20, soit l'ancienne route de Seyssel qu'elle suivra jusqu'à son point de jonction avec la route départementale n° 1.

De ce point, la ligne suivra le chemin rural n° 10, dit des Têts, jusqu'à sa jonction avec la route nationale n° 201, la traversera pour suivre les chemins ruraux n° 8 et partie du n° 7, continuera par le chemin rural n° 8 qui traverse la ligne du chemin de fer au passage à niveau, reviendra par le chemin rural n° 4 jusqu'à sa rencontre, vers la maison Collomb-Clerc qui se trouve incorporée, avec le chemin de desservitude joignant cette voie avec le chemin d'intérêt commun n° 2; empruntera ce chemin de desservitude qui aboutit derrière la villa Fontanel, suivra le chemin d'intérêt commun n° 2 et, par le mur de clôture de la propriété Cabuis, aboutira au chemin vicinal n° 8, le suivra jusqu'au creux Goddet, empruntera ensuite le chemin établi en bordure de ce creux pour aboutir au chemin vicinal n° 5. Elle remontera ce chemin jusqu'à sa jonction avec le chemin vicinal n° 1, suivra ce dernier chemin, le chemin de grande communication n° 1, le chemin vicinal n° 6, qui passe derrière la fabrique de cierges de M. Philippe, le chemin vicinal n° 1, le chemin situé entre les propriétés Laracine et Ruphy, la rive droite du lac et la nouvelle digue jusqu'à l'abreuvoir, point de départ. La ligne suit l'axe des voies empruntées.

Le périmètre de l'Octroi urbain se trouve déterminé par un plan dressé par M. l'Architecte-Voyer communal.

L'on indiquera son rayon, sur tous les points principaux, par des poteaux portant cette inscription : *Octroi communal d'Annecy.*

Art. 3.

Les déclarations et la recette des droits se feront au bureau central placé dans l'établissement de l'Abattoir, chargé en outre de la perception des taxes d'abatage sur les bestiaux et du service du Poids public.

Ce bureau sera indiqué par un tableau portant ces mots : *Octroi communal*. Il sera ouvert les jours de la semaine, savoir :

En novembre, décembre, janvier et février, de sept heures du matin à six heures du soir;

En mars, avril, septembre et octobre, de six heures du matin à six heures du soir.

En mai, juin, juillet et août, de cinq heures du matin à'sept heures du soir.

Les dimanches et jours fériés, il sera fermé toute la journée. Toutefois, l'enlèvement des viandes abattues la veille pourra avoir lieu de 7 heures à 8 heures du matin du 1er novembre au 31 avril, et de 5 à 6 heures du matin du 1er mai au 31 octobre inclus.

Les présents tarif et règlement seront affichés dans l'intérieur et à l'extérieur du dit bureau.

§ 2. — Perception sur les objets venant de l'extérieur.

Art. 4.

Tout porteur ou conducteur d'objets assujettis aux droits d'octroi, quelle qu'en soit la quantité, sera tenu, avant de les déposer ou remiser à domicile, de les conduire directement au bureau central pour en faire la déclaration; de produire les congés, acquits-à-caution, passavants, ainsi que les lettres de voiture, connaissements, chartes-parties ou toutes expéditions qui les accompagnent, et d'acquitter les droits si les objets sont destinés à la consommation du lieu, sous peine de la confiscation desdits objets et d'une amende de 100 à 200 francs.

Toute déclaration devra indiquer la nature, la quantité, le poids et le nombre des objets introduits, ainsi que le nom des destinataires et l'heure de l'introduction.

Il sera fait autant de quittances qu'il y aura de destinataires.

Les introductions et les sorties d'objets soumis à l'Octroi peuvent avoir lieu pendant que le bureau est ouvert.

A moins d'une déclaration formelle du destinataire de vouloir faire sortir du rayon les marchandises venant de la gare ou d'un autre point, les droits seront perçus au moment même de l'introduction; en cas de refus de la marchandise, et dans ce cas seulement, il sera délivré des passe-debout.

Art. 5.

Après la déclaration, les préposés pourront faire toutes les recherches, visites et vérifications nécessaires pour en constater l'exactitude. Les conducteurs seront tenus de souffrir et même de faciliter toutes les opérations relatives aux dites vérifications, lesquelles auront lieu à leurs risques et périls.

Tout objet soumis à l'Octroi qui, nonobstant l'interpellation faite par les préposés serait introduit sans avoir été déclaré ou sur une déclaration fausse, sera saisi; les voitures, chevaux et autres moyens de transport seront également saisis, à défaut par les contrevenants de consigner le maximum de l'amende prononcée par l'article précédent et la valeur de la confiscation ou de fournir caution valable pour le tout.

Tout introducteur qui, pour échapper à une saisie constatée, aura détruit un objet imposé, sera tenu d'en représenter la valeur estimative, et il sera dressé procès-verbal.

Les préposés de l'Octroi peuvent vérifier sur la voie publique, et notamment sur le marché, l'exactitude des déclarations qui ont été faites à l'entrée et saisir les marchandises faussement déclarées ou non accompagnées d'expéditions applicables.

En cas de graves soupçons de fraude chez un assujetti ou autre, les employés pourront faire des visites à domicllc, en se conformant toutefois aux lois sur la matière.

Art. 6.

Il est défendu aux employés, sous peine de destitution et de tous dommages-intérêts, de faire usage de la sonde dans la visite des malles, caisses et ballots annoncés contenir des étoffes, linges et autres objets susceptibles d'être endommagés

Dans ce cas, comme dans tous ceux où le contenu des caisses et ballots serait inconnu et ne pourrait être vérifié immédiatement, la vérification en sera faite dans les emplacements à ce déterminés par l'Autorité locale. Les vérifications pourront être faites à domicile, en cas d'empêchement à l'entrée.

Art 7.

Le déchargement ou la tentative d'introduction à domicile sans déclaration préalable, dans le rayon de l'Octroi, d'objets soumis aux droits, à l'aide d'ustensiles préparés ou de moyens disposés pour la fraude, donnera lieu à l'arrestation du porteur ou conducteur des dits objets; cette arrestation pourra être opérée par les préposés de l'Octroi.

Art 8.

Lorsque, en vertu de l'article précédent, les préposés auront arrêté et constitué prisonnier un fraudeur, ils seront tenus de le conduire sur-le-champ devant un officier de police judicaire, ou de le remettre à la force armée qui le conduira devant le juge compétent, lequel statuera de suite, par décision motivée, sur l'emprisonnement ou la mise en liberté du prévenu.

Néanmoins, celui-ci sera immédiatement mis en liberté s'il offre bonne et suffisante caution de se présenter en justice et d'acquitter l'amende encourue, ou s'il consigne ladite amende.

Art. 9.

Les objets soumis aux droits d'Octroi qui arriveront par le lac ne pourront être déchargés qu'après avoir été déclarés au bureau central, et vérifiés par les employés de l'Octroi sur les barques et bateaux, s'il y a lieu, et après acquittement des droits pour les objets destinés à la consommation.

La vérification devra commencer, au plus tard, dans l'heure de la déclaration. Cette déclaration indiquera le point du déchargement. L'introduction devra se faire par les canaux du Thiou et du Vassé.

§ 3. — Perception sur les objets de l'intérieur.

Art. 10.

Toute personne qui récolte, prépare ou fabrique dans l'intérieur du rayon de l'Octroi des objets compris au tarif, est tenue, sous peine de la confiscation des objets récoltés, préparés ou fabriqués, et d'une amende de 100 à 200 francs, d'en faire la déclaration et, si elle ne réclame la faculté de l'entrepôt, d'acquitter immédiatement le droit.

Les préposés de l'Octroi reconnaîtront à domicile les quantités récoltées, préparées ou fabriquées, et feront toutes les vérifications nécessaires pour prévenir la fraude.

Art. 11.

Les animaux destinés à être abattus seront, s'il y a lieu, marqués au feu au moment de la déclaration. Ceux qu'on introduira morts ou qu'on abattra dans l'intérieur des limites seront marqués au noir sur les extrémités des quartiers. On ne pourra, dans l'un et l'autre cas, se servir d'autres marques que de celles déterminées par le Maire.

Art. 12.

La vérification du poids de la viande de boucherie ou charcuterie introduite dans la commune, lorsqu'il s'élèvera des contestations sur la sincérité des déclarations faites par l'introducteur, en conformité de l'article 4, aura lieu aux poids publics et aux frais de l'introducteur, dans le cas où le poids réel excéderait celui déclaré.

CHAPITRE II

§ 1er. — Passe-debout et transit.

Art. 13.

Le conducteur d'objets soumis à l'Octroi qui voudra séjourner dans le rayon de l'Octroi moins de vingt-quatre heures sera tenu d'en faire la déclaration et de se munir d'un passe-debout. Si le séjour doit excéder vingt-quatre heures, le conducteur devra se munir d'un bulletin de transit.

Art. 14.

Pour jouir de l'exemption résultant du passe-debout ou du transit, les propriétaires, conducteurs ou porteurs d'objets portés au tarif seront tenus de faire les déclarations prescrites par l'article 4 et d'indiquer, en outre, le lieu de départ et celui de destination.

Art. 15.

Dans l'un et l'autre cas, les droits seront consignés ou

cautionnés. Ces droits seront rendus ou la caution déchargée lorsqu'il aura été justifié de la sortie des objets.

Art. 16.

Les objets admis en passe-debout ou en transit ne pourront être remisés ou déposés pendant la durée du séjour qu'aux lieux indiqués par la déclaration; ils resteront sous la surveillance des préposés jusqu'au moment du départ.

Art. 17.

Toute substitution et toute altération faite dans la nature ou l'espèce des objets en passe-debout ou en transit, pendant la durée du séjour, fera encourir au contrevenant une amende de 100 à 200 francs et entraînera, en outre, la confiscation des objets représentés et le payement d'une somme égale à la différence de leur valeur avec celle des objets reconnus à l'entrée, laquelle sera déterminée d'après le prix moyen dans le lieu sujet.

Art. 18.

Les caisses et ballots accompagnés d'acquits-à-caution et portant les plombs et marques des Contributions indirectes ou des Douanes, sont affranchis des visites et vérifications, si les plombs et marques sont reconnus sains et entiers et dans le cas seulement où les objets resteront sous la surveillance des employés.

Art. 19.

Dans le cas où, par force majeure ou tout autre motif reconnu légitime par les autorités locales, un conducteur sera retenu dans le rayon de l'Octroi au-delà du délai fixé, le passe-debout pourra, sur sa déclaration, être converti en transit et les objets resteront sous la surveillance des préposés de l'Octroi jusqu'à leur sortie. Les frais de loyer ou de garde, s'il y en a, seront à la charge des déclarants.

Art. 20.

En cas de changements de moyens de transport ayant pour effet de rendre plus difficile la vérification à la sortie des objets introduits sur passe-debout, les employés devront être appelés pour assister aux chargements et déchargements.

Il en sera de même pour les changements que l'on pourrait faire dans les caisses ou autres colis en passe-debout.

Art. 21.

La durée du transit est fixée à trois jours. Les prolongations au-delà de ce terme ne peuvent avoir lieu que dans le cas d'une nécessité constatée et seront accordées par le préposé en chef de l'Octroi, qui en rendra compte au Maire dans son rapport journalier.

Art. 22.

Les droits seront restitués ou la caution déchargée au moment de la sortie. S'il n'était représenté qu'une portion des objets introduits, les droits seraient acquis sur la portion non représentée, à moins toutefois, que la vente n'en eût été faite à un entrepositaire et les objets pris en charge à son compte.

Art. 23.

Les objets amenés aux foires et marchés sont assujettis à toutes les formalités du transit. Ils pourront être vérifiés à l'intérieur et seront saisis en cas de fraude.

Vingt-quatre heures après le délai fixé par l'article 21, ou après expiration des foires et marchés, les droits consignés seront définitivement acquis à l'Octroi s'il n'a pas été justifié de la sortie des objets.

Pourront être tenus de faire une déclaration à l'entrée les introducteurs d'animaux amenés aux foires et marchés; seront tenus de faire la déclaration des animaux achetés par eux dans lesdits marchés et foires, les acheteurs d'animaux destinés à la consommation locale, sous peine de confiscation.

Art. 24.

Toute opération nécessaire à la conservation des objets en transit, et tendant à en changer la forme, sera l'objet d'une déclaration préalable au bureau central de l'Octroi, et ne pourra avoir lieu qu'en présence des employés; il sera fait mention des opérations au dos du passe-debout ou bulletin de transit.

Art. 25.

Les droits à consigner pour les bestiaux introduits sur passe-debout dans le rayon de l'Octroi, ou ceux à acquitter par les entrepositaires en cas de manquants constatés à leur charge, sont fixés ainsi qu'il suit :

Bœufs, taureaux, vaches et génisses, par tête.... 15 fr.
Veaux, par tête...................................   5 »
Moutons, brebis, agneaux, chèvres et boucs, par
  tête 2 50
Chevreaux, par tête..............................   0 40
Porcs, par tête.................................. 10 »

Art. 26.

Les objets soumis à l'Octroi et arrivant par eau ne pourront être déchargés que sur le nouveau port, ou sur l'ancien port pour ceux des objets qui sont autorisés à y être débarqués; les droits en seront acquittés au fur et à mesure des déclarations. Quant aux marchandises destinées à l'entrepôt, la déclaration et la vérification devront en être faites en présence de l'entrepositaire et avant toute introduction.

Les marchandises soumises à l'Octroi arrivant par le Tramway Annecy-Thônes ne pourront être déchargées et livrées qu'après en avoir fait la déclaration à l'Octroi.

ART. 27.

Les voitures et transports militaires chargés d'objets assujettis aux droits sont soumis aux règles ci-dessus prescrites pour le transit et le passe-debout (art. 40 de l'ordonnance du 9 décembre 1814). Toutefois, dans le cas où l'emploi de ces formalités pourrait apporter un retard nuisible, les préposés se borneront à surveiller ou à escorter le convoi.

ART. 28.

Les diligences, fourgons, fiacres, cabriolets et autres voitures de louage seront soumis aux visites des préposés de l'Octroi.

Il en est de même des voitures particulières, suspendues ou non suspendues.

ART. 29.

Les individus voyageant à pied ou à cheval ne pourront être arrêtés, questionnés ou visités sur leur personne, ni à raison de leurs effets.

Tout acte contraire à la présente disposition sera réputé acte de violence, et les préposés qui s'en rendront coupables seront poursuivis correctionnellement et punis des peines prononcées par les lois. Tout individu soupçonné de faire la fraude à la faveur de cette exception pourra être conduit devant un officier de police ou devant le Maire, pour y être interrogé et la visite de ses effets autorisée, s'il y a lieu.

ART. 30.

Les courriers ne pourront être arrêtés à leur passage, sous prétexte de la perception, mais ils seront tenus d'acquitter les droits sur les objets soumis à l'Octroi qu'ils introduiraient pour être consommés dans la localité; à cet effet, les préposés de l'Octroi seront autorisés à assister au déchargement.

§ 2. — Des bestiaux entretenus dans le rayon de l'Octroi.

Art. 31.

Les propriétaires de bestiaux entretenus dans le rayon de l'Octroi devront faire leur déclaration au bureau.

Ils souffriront les visites et exercices des préposés de l'Octroi dans leurs étables et bergeries. Il sera fait un inventaire de leurs bestiaux, lequel sera suivi de recensement aux époques déterminées par le Maire.

Art. 32.

Ils sont aussi tenus de déclarer d'avance le nombre et l'espèce des animaux qu'ils livreront aux bouchers et charcutiers, ceux qu'ils feront venir du dehors pour les remplacer et ceux qu'ils abattront pour leur consommation personnelle.

Ils déclareront également toute diminution ou augmentation dans le nombre de leurs bestiaux, et pour quelque cause que ce soit.

Art. 33.

Les bestiaux morts naturellement ou exportés hors de la commune ne sont passibles d'aucun droit. Il sera fait déclaration des premiers dans le jour de la mort, et des seconds préalablement à leur exportation. Ces déclarations seront vérifiées par les préposés. A l'époque des recensements les propriétaires sont tenus d'acquitter les droits pour les bestiaux reconnus manquants à leur charge.

§ 3. — Entrepôt.

Art. 34.

Les propriétaires et commerçants sont, en justifiant de leur qualité, admis à recevoir chez eux et dans leurs magasins, à titre d'entrepôt et sans acquittement préalable des droits, les marchandises soumises à l'Octroi.

Les admissions à la qualité d'entrepositaire seront prononcées par le Maire. Toutes les contestations qui s'élèveront relativement à l'admission au bénéfice de l'entrepôt seront portées devant le Maire, qui prononcera, sauf recours au Préfet.

L'entrepositaire devra, pour être admis, présenter chaque année une caution solvable, s'engageant solidairement avec lui au paiement des droits sur les objets qu'il ne justifierait pas avoir fait sortir du lieu sujet, ou à défaut le versement d'un cautionnement dont le montant est déterminé par le Maire. L'acceptation de cette caution sera faite par le Maire qui pourra déléguer au Préposé en chef cette partie de ses attributions.

Art. 35.

Sont désignés ci-après les objets admis à l'entrepôt à domicile, ainsi que les quantités au-dessous desquelles la faculté de l'entrepôt ne pourra être accordée et le certificat de sortie délivré.

SAVOIR :

Les bestiaux sont admis en toutes quantités.

DÉSIGNATION DES OBJETS admis à l'entrepôt	MINIMA A L'ENTRÉE	MINIMA A LA SORTIE
Viande fraîche de bœufs, vaches, taureaux, génisses, moutons, chèvres, veaux et porcs (viande abattue............	20 kilogrammes	10 k. par esp. d'anim.
Charcuterie et Jambons fumés...........	20 id.	0 kilogrammes
Conserves de viande.	100 id.	10 id.
Lards et Saindoux...	100 id.	10 id.

Art. 36.

Ne seront soumis à aucun droit d'Octroi : les approvisionnements en vivres destinés au service de l'armée de terre, ainsi que de la marine militaire ou marchande, et qui ne doivent pas être consommés dans le lieu sujet, les bois, fers, graisses, huiles, et généralement toutes les matières employées pour la confection et l'entretien du matériel de l'armée de terre, dans les constructions navales et pour la fabrication d'objets servant à la navigation, les combustibles et toutes autres matières embarquées sur les bâtiments de l'État et du commerce pour être consommées ou employées en mer.

Ces approvisionnements et matières seront introduits dans les magasins de la guerre, de la marine de l'État et de la marine marchande, de la manière prescrite pour les objets en entrepôt.

Le compte en sera suivi par les employés et préposés désignés à cet effet, et les droits d'Octroi ne seront dus que sur les quantités enlevées pour l'intérieur du lieu sujet et pour toute autre destination que celle qui est spécifiée ci-dessus.

Art. 37.

Les charbons de terre, le coke et tous autres combustibles employés, tant par l'Administration de la Guerre pour la fabrication et l'entretien du matériel de guerre et pour la confection d'objets destinés à être consommés hors du lieu sujet, que par la marine de l'État et par la marine marchande pour la confection d'objets destinés à la navigation, seront, comme ceux qui sont employés dans les établissements industriels pour la préparation ou la fabrication d'objets destinés au commerce général, affranchis, au moyen de l'entrepôt, du paiement de tous droits d'Octroi.

Art. 38.

Les entrepositaires seront tenus de fournir aux employés de l'Octroi et de mettre à leur disposition les hommes et ustensiles nécessaires pour faciliter la reconnaissance et le pesage, mesurage ou jaugeage des quantités restant en entrepôt, afin que ces préposés puissent établir le compte des droits dus sur les manquants reconnus et dont la sortie ou l'emploi n'aurait pas été justifié.

Art. 39.

Si les entrepositaires refusaient de se conformer aux obligations qui leur sont imposées par l'article précédent, il sera procédé d'office, à leurs frais, aux vérifications dont il s'agit, et, outre la saisie et l'amende encourues pour les cas de fraude dûment constatés, ils seraient passibles des peines prévues par l'article 63 du présent règlement, pour le fait d'empêchement aux exercices.

Art. 40.

Indépendamment des obligations ci-dessus mentionnées et des autres conditions qui leur sont imposées par le présent règlement, les dits entrepositaires seront tenus de diviser leurs magasins en cases régulières, d'un cubage facile et d'une contenance déterminée.

Art. 41.

Les conditions pour l'entrepôt sont : de faire une déclaration par écrit au bureau de l'Octroi avant l'entrée des objets entreposés; de permettre les visites et exercices des préposés; de leur ouvrir, à toute réquisition, les caves, magasins et autres lieux de dépôt; et de faire de la manière et dans les formes voulues par le présent règlement, les déclarations d'expédition pour le dehors et pour l'intérieur.

Une seule déclaration suffira pour la totalité d'un chargement arrivant par eau ou par le chemin de fer. Il en sera de même pour les réexpéditions de l'espèce.

Art. 42.

La qualité de détaillant exclut la faculté d'entreposer. Toutefois, les marchands en gros ou en demi-gros, qui auront justifié de leur patente et de l'existence réelle de leur commerce de gros ou de demi-gros, pourront jouir de l'entrepôt à domicile, alors même qu'ils feraient dans les mêmes magasins des ventes au détail.

Art. 43.

Toute expédition d'objets entreposés ne pourra avoir lieu qu'aux heures indiquées par l'article 3 du présent règlement et devra, avant l'enlèvement desdits objets, être déclarée au bureau de l'Octroi. Les droits seront acquittés sur-le-champ, pour les objets destinés à la consommation locale. Quant aux objets expédiés pour l'extérieur, ils seront représentés aux préposés de l'Octroi, lesquels, après vérification des quantités et espèces, délivreront un certificat de sortie.

Les entrepositaires devront faire autant de déclarations que de voyages au sortir de leurs entrepôts, sans exception, même pour les expéditions par le chemin de fer.

Art. 44.

Les préposés de l'Octroi tiennent un compte d'entrée et de sortie des marchandises entreposées; à cet effet, ils peuvent faire à domicile, dans les magasins, chantiers, caves, celliers des entrepositaires, toutes les vérifications nécessaires pour reconnaître les objets entreposés, constater les quantités restantes et établir le décompte des droits dus sur celles pour lesquelles il n'est pas représenté de certificat de sortie. Ces droits doivent être acquittés im-

médiatement par les entrepositaires et, à défaut, il est
décerné contre eux des contraintes qui sont exécutoires
nonobstant opposition et sans y préjudicier.

Art. 45.

Tout refus de souffrir les visites, vérifications et exercices des préposés de l'Octroi ,sera constaté par procès-
verbal. Les prétextes d'absences seront réputés refus for-
mel. Les préposés après avoir déclaré procès-verbal, pourront requérir l'assistance d'un officier de police, faire ouvrir en sa présence les caves, celliers ou magasins, et pro-
céder aux vérifications prescrites par les articles précé-
dents.

Art. 46.

La durée de l'entrepôt est illimitée, mais les caution-
nements devront être renouvelés tous les ans et plus sou-
vent si l'administration de l'Octroi l'exige.

CHAPITRE III

Contentieux.

Art. 47.

Toutes contraventions aux dispositions du présent règlement seront constatées par des procès-verbaux, lesquels seront dressés à la requête du Maire. Ils pourront
être rédigés par un seul préposé et feront foi en justice
jusqu'à preuve contraire.

Art. 48.

Ils énonceront la date du jour où ils seront rédigés, la nature de la contravention et, en cas de saisie, la déclaration qui en aura été faite au prévenu; les noms, qualité et résidence de l'employé verbalisant et de la personne chargée des poursuites; l'espèce, le poids ou la mesure des objets saisis; leur évaluation approximative; la présence de la partie à leur description, ou la sommation qui lui aura été faite d'y assister; le nom, la qualité et l'acceptation du gardien; le lieu de la rédaction du procès-verbal et l'heure de la clôture.

Art. 49.

Dans le cas où le motif de la saisie porterait sur le faux ou l'altération des expéditions, le procès-verbal énoncera le genre de faux, les altérations ou surcharges. Les dites expéditions, signées et paraphées, resteront annexées au procès-verbal, qui contiendra la sommation faite à la partie de les parapher et sa réponse.

Art. 50.

Si le prévenu est présent à la rédaction du procès-verbal, cet acte énoncera qu'il lui en a été donné lecture.

Art. 51.

La saisie et la confiscation s'étendront aux futailles, caisses, enveloppes, paniers et sacs renfermant des objets en fraude ou en contravention.

Toute saisie sur inconnu ou insolvable, dont la valeur ne dépassera pas dix francs, sera constatée par un simple rapport sur papier libre.

M. le Maire pourra disposer des objets saisis, comme il le jugera convenable, en faveur du service ou d'un établissement de bienfaisance, par acte d'abandon mis au bas du rapport.

Art. 52.

Les objets saisis seront transportés à l'entrepôt établi au bureau central. Ils pourront néanmoins, s'il y a lieu, être mis en fourrière. Ceux saisis pendant la nuit seront déposés au bureau le plus voisin jusqu'au lendemain.

Art. 53.

Si la partie saisie ne s'est pas présentée dans les dix jours à l'effet de payer ou de consigner l'amende encourue, ou si elle n'a pas formé, dans le même délai, opposition à la vente, cette vente sera faite par le Receveur, cinq jours après l'apposition, à la porte de la Mairie et autres lieux accoutumés, d'une affiche signée de lui et sans aucune autre formalité.

Art. 54.

Néanmoins, si la vente des objets saisis est retardée, l'opposition pourra être formée jusqu'au jour indiqué pour ladite vente. L'opposition sera motivée et contiendra assignation à jour fixe devant le Tribunal correctionnel, avec élection de domicile dans le lieu où siège le Tribunal. Le délai de l'assignation ne pourra excéder trois jours.

Art. 55.

Dans le cas où les objets saisis seraient sujets à dépérissement, la vente pourra être autorisée avant l'échéance des délais ci-dessus fixée, par une simple ordonnance du Juge de Paix sur requête.

Art. 56.

L'action résultant des procès-verbaux en matière d'Octroi et les questions qui pourront naître de la défense du prévenu seront de la compétence exclusive du Tribunal correctionnel.

Art. 57.

En cas de nullité du procès-verbal, et si la contravention se trouve suffisamment établie par d'autres preuves ou par l'instruction, la confiscation des objets saisis ne sera pas moins encourue.

Art. 58.

Le Maire sera autorisé, sauf l'approbation du Préfet, à faire remise, par voie de transaction, de la totalité ou partie des condamnations encourues, même après le jugement rendu.

Art. 59.

Toutes les fois que la saisie aura été opérée dans l'intérêt commun des droits d'Octroi et des droits imposés au profit du Trésor, le procès-verbal devra être rédigé à la requête du Directeur des Contributions indirectes. A cet employé supérieur appartiendra aussi, dans ce cas, le droit d'intenter les poursuites et de transiger d'après les règles propres à son Administration.

Art. 60.

Le produit des amendes et confiscations pour contraventions au règlement de l'Octroi, déduction faite des frais et prélèvements autorisés sera attribué, moitié aux employés de l'Octroi, pour être réparti d'après le mode qui sera arrêté, et moitié à la commune.

Art. 61.

S'il s'élève une contestation sur l'application du tarif ou sur la quotité du droit réclamé, le porteur ou conducteur sera tenu de consigner, avant tout, le droit exigé entre les mains du Receveur faute de quoi il ne pourra passer outre ni introduire l'objet qui aura donné lieu à la contestation, sauf à lui à se pourvoir devant le Juge de

Paix du canton. Il ne pourra être entendu qu'en représentant la quittance de la dite consignation au Juge de Paix, lequel prononcera sommairement et sans frais, soit en dernier ressort, lorsque la somme demandée ne s'élèvera pas au-dessus de 300 francs, soit à la charge d'appel pour les autres affaires.

ART. 62.

Les contraintes pour les recouvrements des droits d'Octroi seront décernées par le Receveur, visées par le Maire et rendues exécutoires par le Juge de Paix.

Les oppositions aux dites contraintes seront instruites et jugées conformément aux dispositions prescrites par l'article précédent, et la partie opposante sera également tenue de justifier, avant d'être entendue, de la consignation entre les mains du Receveur du montant de la somme contestée.

ART. 63.

Toute personne qui s'opposera à l'exercice des fonctions des préposés de l'Octroi sera condamnée à une amende de 50 fr., indépendamment de la confiscation des objets saisis, lorsqu'il y aura lieu, et d'une amende de 100 à 200 fr. prononcée pour le cas de fraude.

En cas de voies de fait, il en sera dressé procès-verbal qui sera envoyé au Procureur de la République pour en poursuivre les auteurs et leur faire infliger les peines portées par le Code pénal contre ceux qui s'opposent, avec violence, à l'exercice des fonctions publiques.

ART. 64.

Les propriétaires, porteurs, voituriers ou entrepositaires de tous objets compris au tarif sont responsables du fait de leurs facteurs, agents et domestiques, en ce qui concerne les droits, confiscations, amendes et dépens, lorsque la contravention aura été commise dans les fonctions auxquelles ils auront été employés par leurs maîtres, conformément à l'article 1384 du Code civil.

Les pères, mères ou tuteurs seront garants des faits de leurs enfants ou pupilles mineurs non émancipés et demeurant chez eux.

Seront également responsables les propriétaires ou principaux locataires, relativement à la fraude qui se commettrait dans leurs maisons, clos, jardins et autres lieux par eux personnellement occupés, s'ils sont convaincus de l'avoir favorisée ou d'y avoir participé.

CHAPITRE IV

Personnel.

ART. 05.

Quel que soit le mode de perception, toutes personnes dirigeant l'Octroi seront tenues de permettre le concours des employés des Contributions Indirectes, dans tous les cas où il doit avoir lieu; de leur laisser faire les vérifications et opérations relatives à leur service et de leur donner communication de tous états, bordereaux et renseignement dont ils auront besoin.

ART. 66.

Les préposés de l'Octroi seront tenus, sous peine de destitution, d'exiger de tout conducteur d'objets soumis aux Contributions Indirectes, la représentation des congés, passavants, acquits-à-caution, lettres de voitures et autres expéditions, de vérifier les chargements, de rapporter procès-verbal des fraudes ou contraventions qu'ils découvriront; de concourir au service des Contributions Indirectes toutes les fois qu'ils en seront requis, sans, toutefois, pouvoir être déplacés de leur service ordinaire; enfin, de remettre chaque jour à l'employé supérieur des Contributions Indirectes un relevé des objets soumis aux droits du Trésor qui auront été introduits.

Les employés des Contributions Indirectes concourront également à la surveillance du service de l'Octroi et rapporteront procès-verbal pour les fraudes et contraventions relatives aux droits d'Octroi qu'ils découvriront.

Art. 67.

Les préposés de l'Octroi se serviront, pour constater le volume et le degré des liquides, des instruments dont les employés des Contributions Indirectes font usage.

Art. 68.

Les préposés de l'Octroi devront toujours être porteurs de leur commission et seront tenus de la représenter lorsqu'ils en seront requis.

Art. 69.

Le port d'armes est accordé aux préposés de l'Octroi dans l'exercice de leurs fonctions. Ceux qui abuseraient de cette faculté seront destitués sans préjudice des poursuites judiciaires auxquelles ils auront donné lieu.

Art. 70.

Les préposés de l'Octroi ne pourront ni faire le commerce des objets tarifés ni s'intéresser à ce commerce, soit comme associés, soit comme bailleurs de fonds ou commanditaires.

Tout préposé qui favorisera la fraude, soit en recevant des présents, soit de toute autre manière, sera mis en jugement et condamné aux peines portées par le Code pénal contre les fonctionnaires publics prévaricateurs.

Art. 71.

Les préposés de l'Octroi qui seraient signalés comme remplissant mal leurs fonctions ou comme ayant donné lieu à des plaintes graves, pourront être suspendus par le Préfet ou même révoqués par lui, sur la provocation du Directeur général des Contributions indirectes.

Art. 72.

Les préposés de l'Octroi sont placés sous la protection de l'autorité publique. Il est défendu de les injurier, maltraiter et même de les troubler dans l'exercice de leurs fonctions, sous les peines de droit. La force armée est tenue de leur prêter secours et assistance toutes les fois qu'elle en sera requise.

Dispositions générales.

Art. 73.

Tous les registres employés à la perception et au service de l'Octroi seront fournis par la Régie des Contributions indirectes; la dépense lui en sera remboursée par la commune; les perceptions ou déclarations y seront inscrites sans interruption ni lacune. Les expéditions qui en seront détachées seront marquées du timbre des Contributions indirectes, dont le prix fixé par la loi, sera acquitté par les redevables, et le montant versé dans les caisses de cette Administration, aux époques et de la manière qu'elle indiquera.

Toutefois, la commune pourra faire faire les impressions non timbrées, si elle le juge à propos, mais sous la condition expresse qu'elles seront conformes au modèle fourni par la Régie.

ART. 74.

Dans tous les cas non prévus au présent règlement, on s'en référera aux lois et aux règlements généraux en vigueur sur les Octrois.

TARIF

NOMENCLATURE DES OBJETS IMPOSÉS	BASE de la PERCEPTION	TAXE à PERCEVOIR
Viandes dépecées de toutes espèces autres que celles de chèvre, bouc, cheval, âne et mulet. Taxe uniforme....................	100 kg.	18 fr.
Viandes dépecées de chèvre et bouc..................	»	12 »
Viandes dépecées de cheval, âne et mulet...........	»	12 »
Viandes dépecées de chevreaux.....................	»	10 »
Charcuterie { Jambons de toutes espèces.............	»	20 »
Saucissons crus et fumés.................	»	20 »
Saucisson de Lyon..................	»	20 »
Mortadelle...........................	»	20 »
Autre charcuterie et saucissons ordinaires.....................	»	10 »
Viandes cuites et fumées.................	»	20 »
Viandes salées communes autres que de porc.........	»	10 »
Graisses comestibles animales ou végétales de toute espèce, lard.....................	»	18 »
Abats et issues { Cervelles.....................	»	27 »
Ris de veau...................	»	27 »
Langues.....................	»	27 »
Rognons.....................	»	27 »
Autres abats et issues.............	»	9 »

Observations. — Les tueries particulières sont interdites sur le territoire communal. Les viandes congelées, frigorifiées ou protégées seront taxées comme viandes fraîches.

Vu pour être annexé à la délibération du Conseil Municipal d'Annecy, en date du 4 mars 1921, votant la revision des Règlement et Tarif de l'Octroi de cette ville.

Annecy, le 4 mars 1921.

Le Maire d'Annecy,
Signé : J. BLANC.

DECRET.

Finances à Préfet Annecy.
Officiel. Annecy de Paris, 17 h. 20, 31-12-21.

Décret du 31 décembre 1921, promulgué par télégramme-ordonnance du 27 novembre 1816

ARTICLE 1ᵉʳ. — Approuvée la délibération du Conseil Municipal d'Annecy, en date du 4 mars 1921, ayant pour objet la revision et la prorogation, jusqu'au 31 décembre 1926 inclusivement, des actes constitutifs de l'Octroi de cette ville, sauf en tant qu'elle comporterait la modification des minima à l'entrée et à la sortie pour l'admission en entrepôt des viandes dépecées, de la charcuterie, des conserves de viande, des lards et saindoux.

Annecy, le 3 janvier 1922.

Pour copie conforme :
Le Préfet,
Signé : TROUILLOT.
Pour copie conforme :
Le Maire d'Annecy,
Signé : J. BLANC.